La Búsqueda
para la Mano de Dios en Mi Vida

¿Qué ha hecho Dios para mí
y qué espera de mí?

Pastor Jeremy Markle

Edición del Maestro

Los Ministerios de Caminando en la PALABRA
Pastor Jeremy Markle
www.walkinginthewordministries.net

La Búsqueda para la Mano de Dios en Mi Vida
¿Qué ha hecho Dios para mí y qué espera de mí?
Edición del Maestro

Publicado por Los Ministerios de Andando en la PALABRA
Walking in the WORD Ministries
www.walkinginthewordministries.net

Impreso en los Estados Unidos.

ISBN: 978-0692352694

La Búsqueda para la Mano de Dios en Mi Vida

✎Las Obras Producidas por Dios *vs.* Las Obras
   Producidas por la Carne
          Gálatas 5:16-26
✎El Tesoro del Cielo *vs.* El Tesoro del Mundo
          Mateo 6:19-21, Lucas 12:16-21,
          29-34
✎El Maestro de Dios *vs.* El Maestro del Mundo
          I Corintios 2:1-5, II Corintios
          2:17, 11:13-15, II Pedro 2:1-22

¿Dios sabe quién soy yo?
Salmo 139

Cada persona confronta la pregunta difícil de, "¿Dios sabe quién soy yo?" Las dificultades y las circunstancias de la vida pueden ser abrumadoras, y la persona puede sentirse sola y poco querida rápidamente. Por eso, ¿Dios sabe quién es cada persona? ¿Él se preocupa por cada uno de nosotros como si fuéramos los únicos en todo el mundo? ¿Él va a ayudarnos enmedio de nuestra hora de necesidad?

En el Salmo 139, el Rey David expresó el gran conocimiento de Dios cuando habló específicamente sobre el conocimiento del Dios de su vida. Esperemos en el amor y el conocimiento de nuestro magnífico Dios para cada individuo.

1. *"Oh Jehová, tú me has <u>examinado</u> y <u>conocido</u>."* (Vrs. 1)

2. ¿Qué dos cosas sabe Dios sobre usted? (Vrs. 2)
    a. <u>Sentarme</u>
    b. <u>Levantarme</u>

3. ¿Qué entiende Dios sobre usted? (Vrs. 2)
    a. <u>Pensamientos</u>

4. ¿Qué conoce Dios sobre usted? (Vrs. 3)
    a. <u>Todos mis caminos</u>

5. ¿Cuántas de sus palabras sabe Dios? (Vrs. 4)
   a. Todas
   *¿Cuándo sabe Dios de sus palabras? (Mateo 12:36)
   En mi lengua (desde antes que las hable.)

6. ¿Dónde está la presencia y la mano de Dios en referencia a usted? (Vrs. 5)
   a. Detrás
   b. Delante
   c. Sobre

7. En sus propias palabras, diga lo que David dijo sobre el conocimiento personal de Dios. (Vrs. 6)

   _____

   _____

   _____

8. *"¿A dónde me iré de tu Espíritu?¿Y a dónde huiré de tu presencia?"* (Vrs. 7)
   ✍ *Proverbios 15:3 - Dios sabe cada cosa secreta.*

9. ¿En dónde dijo David que Dios está? (Vrs. 8-12)
   a. Cielos
   b. Seol
   c. Las alas del alba
   d. El extremo del mar
   e. Tinieblas

10. ¿Qué hacen las manos de Dios por usted? (Vrs. 10)
    a. <u>Guiar</u>
    b. <u>Asir</u>

11. ¿Cuándo comenzó Dios Su obra en la vida de David? (Vrs. 13, 15)
    a. <u>En el vientre de su madre</u>
    ✍ *Jueces 6:14-16 - Dios eligió a su familia y su posición en su familia específicamente para usted.*

12. ¿Qué vio Dios de David antes que él fuera formado totalmente? (Vrs. 16)
    a. <u>Mi embrión (el cuerpo)</u>
    *Qué escribió Dios en Su libro antes que ellas existieran?
      * <u>Todas aquellas cosas (las piezas del cuerpo)</u>
    ✍ *Éxodo 4:10-11 - Dios le ha creado a usted con sus atributos fiscos y habilidades especificas para que usted pueda cumplir la obra especifica que Él tiene para usted.*

13. ¿Qué eran preciosos a David? (Vrs. 17)
    a. <u>Sus pensamientos</u>

14. ¿Cuál era la suma de los pensamientos de Dios sobre usted? (Vrs. 17-18)
    a. <u>Más que la arena</u>

15. ¿Qué tiempo del día dijo David que Dios estaba con él? (Vrs. 18)
    a. ___Al despertar_____

16. ¿Qué quería David eliminar de su vida para que él no fuera un enemigo de Dios? (Vrs. 19-22)
    a. ___Hombres malos_____
    ☞ *Santiago 4:4, I Juan 2:15-17 - El amor para el mundo nos hace enemigos de Dios.*

17. ¿Qué pidió David que Dios le hiciera? (Vrs. 23-24)
    ✍ *Salmos 119:9, I Juan 1:8-10*
    a. ___Examíname - conoce mi corazón_____
    b. ___Pruébame - conoce mis pensamientos_____

18. David le pidió a Dios que Él le guiara a ¿dónde? (Vrs. 24b)
    ✍ *Salmos 119:11*
    a. ___El camino eterno_____

La Aplicación Personal

☞ Basado en el conocimiento completo de Dios sobre usted, ¿qué pecado hay que confesar (ex. Los pensamientos, las palabras, las acciones, etc.)?

✎ _____

✎ _____

✎ _____

✎ _____

☞ Basado en el conocimiento de Dios sobre usted, ¿qué seguridad puede tener a través de su vida (ex. su familia, sus atributos físicos, sus habilidades, su futuro, etc.)?

✎ _____

✎ _____

✎ _____

✎ _____

Lectura Diaria

★ Salmos 40
★ Salmos 41
★ Salmos 56
★ Salmos 71
★ Salmos 73
★ Salmos 103
★ Salmos 121

Hágase éstas preguntas cada día cuando esté leyendo uno de los Salmos:

✓ ¿Qué sabe Dios sobre mi?

✓ ¿Qué seguridad puedo tener debido a que Dios me conoce?

✓ ¿Cómo debo vivir debido a que Dios me conoce?

¿Qué Dios me ha dado?
II Pedro 1:2-4

Dios, en Su gran amor ha suplido a cada creyente con los recursos necesarios para vivir su vida nueva. II Pedro 1:2-3 dice;

"2 Gracia y paz os sean multiplicadas, en el conocimiento de Dios y de nuestro Señor Jesús.
3 Como todas las cosas que pertenecen a la vida y a la piedad nos han sido dadas por su divino poder, mediante el conocimiento de aquel que nos llamó por su gloria y excelencia,"

¿Qué son los recursos? ¿Cómo ellos deben ser usados?

Todas Las Cosas
II Pedro 1:2-4

1. Recibimos gracia y paz en nuestra vida cuando tenemos el conocimiento de, ¿Quién? (Vrs. 2)
    a. Dios
    b. Jesucristo

2. Dios nos ha dado todas las cosas que pertenecen a, ¿cuáles dos cosas? (Vrs. 3) *(Santiago 1:17)*
    a. La vida
    b. La piedad

3. ¿De qué escapamos cuando conocemos a Jesucristo y somos participantes de Su naturaleza divina?
    a. La corrupción
    b. La concupiscencia

La Vida Eterna
Juan 3:16-18

4. En el amor de Dios por usted, ¿qué Él le dio a usted? (Vrs. 16)
    a. Jesucristo - Su Hijo unigénito

5. ¿Cómo usted puede estar seguro de su vida eterna? (Vrs. 16)
    a. Creer en Jesucristo

6. ¿Cuál fue la razón de Dios para enviar a Jesucristo al mundo? (Vrs. 17)
    a. Salvarlo

7. ¿Cuál es la condición de los que no creen en Jesucristo? (Vrs.18)
    a. Ser condenados

El Espíritu Santo
Juan 14:16-18, 26, 16:7-14

8. ¿Qué pidió Jesús a Dios le enviara a los creyentes? (Vrs. 16)
   a. El Consolador

9. ¿Cómo se llama el Consolador? *"El Espíritu de la verdad"* (Vrs. 17)

10. ¿Quién es el Consolador? (Vrs. 26)
    a. El Espíritu Santo

11. ¿Cuál es el trabajo del Espíritu Santo? (Vrs. 26)
    a. Enseñar
    b. Recordar

12. El Espíritu Santo va a convencer al mundo de, ¿qué tres cosas? (Vrs. 16:8-11)
    a. El pecado
    b. La justicia
    c. El juicio

13. El Espíritu Santo va a guiar cada creyente ¿a saber qué? (Vrs. 13)
    a. Toda la Verdad

La Vida Nueva
II Corintios 5:17, Romanos 6:1-23, Efesios 2:1-19

14. ¿Qué es hecho cada creyente en el momento de la salvación? (II Cor. 5:17)
    a. Nueva Criatura

15. ¿Qué fue eliminado de su vida en su salvación? (II Cor. 5:17)
    a. Las cosas viejas

16. ¿Debe continuar en el pecado después de su salvación? (Rom. 6:1-2)
    a. No

17. ¿Cómo debe andar después de su salvación (Rom. 6:4)
    a. En la vida nueva

18. ¿Qué fue destruido con Jesucristo en la cruz? (Rom. 6:5-6)
    a. El hombre viejo

19. El creyente debe ser muerto a _____ y vivo para _____ a través de Jesucristo. (Rom. 11-13)
    a. El pecado
    b. Dios

20. Antes de la salvación, ¿cómo anduvo (vivía)? (Efe. 2:2)
    a. En la corriente de este mundo
    b. Conforme al príncipe de la potestad del aire
    c. En el espíritu de desobediencia

21. ¿Cuáles son las tres cosas que Dios ha hecho a través de Jesucristo? (Efe. 2:4-7)
    a. *"Nos dio vida juntamente con Cristo"*
    b. *"Juntamente con él nos resucitó"*
    c. *"Nos hizo sentar en los lugares celestiales con Cristo Jesús"*

22. ¿Qué Dios nos hace cumplir en la salvación? (Efe. 2:10)
    a. Buenas obras

23. ¿De Quién estamos cerca por la sangre de Jesucristo? (Efe. 2:13-16)
    a. De Dios

La Biblia
II Timoteo 3:14-17

24. ¿En qué debemos continuar?(Vrs 14-15)
    a. En las cosas aprendidas - la Biblia

25. ¿En qué manera la Escritura fue dada al hombre? (Vrs. 16) *(II Pedro 1:19-21)*
   a. Por la inspiración de Dios

26. La Escritura es útil para, ¿cuáles cuatro cosas? (Vrs. 16)
   a. Enseñar
   b. Redargüir
   c. Corregir
   d. Instruir

27. ¿Cuál es el propósito de la Escritura? (Vrs. 17)
   a. El hombre sea perfecto (Completo)

La Oración
Hebreos 4:14-17

28. ¿Quién es nuestro Gran Sumo Sacerdote que está sentado en el cielo esperando por nuestras peticiones? (Vrs. 14)
   a. Jesucristo

29. ¿Cómo sabemos que nuestro Gran Sumo Sacerdote entiende nuestras necesidades? (Vrs. 15)
   a. Él fue tentado como nosotros

30. ¿Cómo debemos llegar a el Trono de Gracia para recibir la gracia que necesitamos? (Vrs. 16)
a. Confiadamente

La Armadura De Dios
Efesios 6:10-18

31. ¿En el poder de Quién debemos ser fuertes? (Vrs. 10)
a. El Señor

32. ¿Qué suple Dios para protegernos del engaño del Diablo? (Vrs. 11, 13)
a. La Armadura de Dios

33. ¿Estás combatiendo contra cosas físicas o espirituales? (Vrs. 12)
a. Espirituales

34. Espiritualmente, ¿En qué posición debe estar? (Vrs. 14)
a. Estar (firme)

35. ¿Cuáles son las piezas de la armadura de Dios y cuál es el significado de cada una? (Vrs. 14-17)
    a. Los lomos _____ La verdad _____
    b. La coraza _____ La justicia _____
    c. (El calzado) _____ El evangelio de la paz _____
    d. El escudo _____ La fe _____
    e. El yelmo _____ La salvación _____
    f. La espada _____ La Palabra de Dios _____

36. ¿Cuál es el propósito de la fe? (Vrs. 16)
    a. Apagar todos los dardos de fuego del maligno

37. ¿Cómo debes orar en la batalla espiritual? (Vrs. 18)
    a. Todo tiempo _____
    b. Velando con perseverancia _____

La Aplicación Personal

☞ Basado en el conocimiento completo de Dios sobre usted, ¿qué pecado hay que confesar (ex. Los pensamientos, las palabras, las acciones, etc.)?

✎ _____

✎ _____

✎ _____

✎ _____

☞ Basado en el conocimiento de Dios sobre usted, ¿qué seguridad puede tener a través de su vida (ex. su familia, sus atributos físicos, sus habilidades, su futuro, etc.)?

✎ _____

✎ _____

✎ _____

✎ _____

¿Cuál es el propósito de Dios para mi vida?
Eclesiastés 12:13-14

En el libro de Eclesiastés, el Rey Salomón, el hombre más sabio en todo tiempo, escribió sobre su búsqueda para el propósito y disfrute de la vida. En el último del libro él dijo:

"13   El fin de todo el discurso oído es este: Teme a Dios, y guarda sus mandamientos; porque esto es el todo del hombre.

14 Porque Dios traerá toda obra a juicio, juntamente con toda cosa encubierta, sea buena o sea mala."

La conclusión es sencilla. El propósito del hombre en esta vida es que tema a Dios y guarde Sus mandamientos. Vamos a ver lo que la Biblia dice sobre estos dos temas.

Temer a Dios
Proverbios 2:1-6

1 Hijo mío, si recibieres mis palabras,
Y mis mandamientos guardares dentro de ti,
2 Haciendo estar atento tu oído a la sabiduría;
Si inclinares tu corazón a la prudencia,
3 Si clamares a la inteligencia,
Y a la prudencia dieres tu voz;

4 Si como a la plata la buscares,
Y la escudriñares como a tesoros,
5 Entonces entenderás el temor de Jehová,
Y hallarás el conocimiento de Dios.
6 Porque Jehová da la sabiduría,
Y de su boca viene el conocimiento y la inteligencia.

1. ¿Qué provee el temor de Dios? <u>La sabiduría</u>
    <u>(conocimiento)</u>
    a. Proverbios 1:7 **El principio de la sabiduría es**
    el temor de Jehová; Los insensatos desprecian
    la sabiduría y la enseñanza.
    b. Proverbios 1:29 **Por cuanto aborrecieron la**
    sabiduría, Y no escogieron el temor de
    Jehová,
    c. Proverbios 15:33 **El temor de Jehová es**
    enseñanza de sabiduría; Y a la honra precede
    la humildad.
    *I Timoteo 3:16-17
    d. Proverbios 9:10 **El temor de Jehová es el**
    principio de la sabiduría, Y el conocimiento
    del Santísimo es la inteligencia.

2. ¿Qué protege el temor de Dios? <u>La vida</u>
    a. Proverbios 10:27 **El temor de Jehová**
    aumentará los días; Mas los años de los
    impíos serán acortados.

    b. Proverbios 14:27 *El temor de Jehová es* <u>*manantial*</u> *de vida Para apartarse de los lazos de la muerte.*

    c. Proverbios 19:23 *El temor de Jehová es para* <u>*vida*</u>*, Y con él vivirá lleno de* <u>*reposo*</u> *el hombre; No será visitado de mal.*

3. El temor de Dios es mejor a ¿Qué? <u>Las riquezas</u>

    a. Proverbios 15:16 *Mejor es lo* <u>*poco*</u> *con el temor de Jehová, Que el gran tesoro donde hay turbación.*

4. ¿Qué hace uno que tiene el temor de Dios? <u>Apartarse del mal</u>

    a. Proverbios 3:7 *No seas sabio en tu propia opinión; Teme a Jehová, y* <u>*apártate*</u> *del mal;*

    b. Proverbios 8:13   *El temor de Jehová es* <u>*aborrecer*</u> *el mal; La soberbia y la arrogancia, el mal camino, Y la boca perversa, aborrezco.*

    c. Proverbios 16:6 *Con misericordia y verdad se corrige el pecado, Y con el temor de Jehová los hombres se* <u>*apartan*</u> *del mal.*

5. ¿Qué produce el temor de Dios? <u>La vida segura y bendecida</u>
   a. Proverbios 14:26 *En el temor de Jehová está la fuerte <u>confianza</u>; Y esperanza tendrán sus hijos.*
   b. Proverbios 22:4 *<u>Riquezas</u>, <u>honra</u> y <u>vida</u> son la remuneración de la humildad y del temor de Jehová.*

6. ¿Es el temor de Dios un mandamiento? <u>Sí</u>
   a. Proverbios 23:17 *No tenga tu corazón envidia de los pecadores, Antes <u>persevera</u> en el temor de Jehová todo el <u>tiempo</u>;*
   b. Proverbios 24:21 *<u>Teme</u> a Jehová, hijo mío, y al rey; No te entremetas con los veleidosos;*

La opción es clara. Podemos ser hijos buenos y obedientes o hijos rebeldes y desobedientes. El joven bueno tiene bastante temor de sus padres por ser obediente a los mandamientos de éstos para su protección. Mientras que el joven malo únicamente tiene temor de los resultados de la desobediencia, lo cual es el castigo de sus padres. ¿Cuál de ellos es usted?

II Corintios 7:1 dice, *"Así que, amados, puesto que tenemos tales promesas, limpiémonos de toda contaminación de carne y de espíritu, perfeccionando la santidad en el temor de Dios."* Cuáles son las promesas que nos fuerzan a temer a Dios? Ellas están en II Corintios 6:11-18.

★ Job 1:9
★ Job 28:28
★ Salmos 19:9
★ Salmos 34:1-22 (9-7, 11)
★ Salmos 11:10

Guardar los Mandamientos de Dios
I Juan 3:23-24

El Mandamiento De La Salvación
23 Y este es su mandamiento:
Que creamos en el nombre de su Hijo Jesucristo,
y nos amemos unos a otros
como nos lo ha mandado.
24 Y el que guarda sus mandamientos,
permanece en Dios, y Dios en él.
Y en esto sabemos que él permanece en nosotros,
por el Espíritu que nos ha dado.

Si un individuo no tiene fe en Jesucristo, él no puede experimentar el amor de Dios en la salvación. Sin la salvación un individuo no puede amar a los otros correctamente. Por esta razón, el primer mandamiento es la fe en Jesucristo. Todos los otros intentos de obedecer los mandamientos de Dios y ganar la salvación van a fallar. Por lo tanto, si usted no ha aceptado a Jesucristo como su Salvador personal, éste es el primer mandamiento de Dios que debe obedecer para que se cumpla el propósito de Dios en su vida.

Efesios 2:8-9
8 Porque por gracia sois salvos por medio de la fe;
y esto no de vosotros,
pues es don de Dios;
9 no por obras, para que nadie se gloríe.

1. ¿Cuáles son los Diez Mandamientos de Dios? - Éxodo 20:1-17
    a. Vrs. 2-3 No tendrás dioses ajenos delante de mí

    b. Vrs. 4-6 No te harás imagen, ni ninguna semejanza ...
    c. Vrs. 7 No tomarás el nombre de Jehová tu Dios en vano
    d. Vrs. 8-11 Acuérdate del día de reposo para santificarlo
    *El día del culto cambió a domingo cuando Jesucristo resucitó de la muerte en el primer día de la semana. (Mateo 28:1, I Corintios 16:2a)
    e. Vrs. 12 Honra a tu padre y a tu madre

f. Vrs. 13 No matarás _____

g. Vrs. 14 No cometerás adulterio _____

h. Vrs. 15 No hurtarás _____

i. Vrs. 16 No hablarás contra tu prójimo falso testimonio _____

j. Vrs. 17 No codiciarás la casa de tu prójimo ____

_____

2. ¿Cuáles dice Jesús son los dos Mandamientos Mayores? - (Marcos 12:28-34)
a. Amar al Señor tu Dios _____
*¿Con cuáles partes de su vida debe amar a Dios?
El corazón _____
El alma _____
La mente _____
La fuerza _____
*1 Juan 2:15-17 - ¿Qué está en contra del amor para Dios?
El amor para el mundo _____

b. Amar a tu prójimo como a ti mismo
*Romanos 13:8-10 - ¿Qué no hace el amor verdadero? El amor no hace mal al prójimo
*I Corintios 13:4-8 - ¿Qué hace el amor verdadero? es sufrido, es benigno; el amor no tiene envidia, el amor no es jactancioso, no se envanece; no hace nada indebido, no busca lo suyo, no se irrita, no guarda rencor; no se goza de la injusticia, mas se goza de la verdad. Todo lo sufre, todo lo cree, todo lo espera, todo lo soporta. El amor nunca deja de ser

3. La obediencia a los mandamientos de Dios presenta ... (Según Juan el Apóstol)
   a. Que yo tengo amor para Dios. - Juan 14:15, 15:9-17
   b. Que yo tengo conocimiento de Dios. - I Juan 2:1-6
   c. Que yo soy un discípulo de Dios. - Juan 13:34-35
   d. Que yo estoy permaneciendo en Dios. - Juan 15:9-10
   e. Que yo tengo amor para los demás. - II Juan 1:4-6

4. La obediencia a los mandamientos de Dios recibe ... (Según Juan el Apóstol)
   a. El <u>amor</u> y la manifestación de Dios. - Juan 14:21
   b. La <u>comodidad</u> del Espíritu Santo. - Juan 14:15-18, I Juan 3:24
   c. La <u>amistad</u> de Dios. - Juan 15:14-15
   d. Las respuestas de las <u>oraciones</u>. - I Juan 3:22

5. En sus propias palabras, ¿qué dice I Juan 5:1-3 sobre la obediencia?
   <u>El amor para los demás es demostrado por la obediencia</u>
   <u>El amor para Dios es demostrado por la obediencia</u>
   <u>Los mandamientos de Dios no son difíciles</u>

6. ¿Que nos enseña Jesús sobre la obediencia a través de Su ejemplo en Filipenses 2:5-11?
   a. La obediencia demanda <u>humildad</u>. (vrs 8a)
   b. Debo estar listo para obedecer hasta el punto de sufrir la <u>muerte</u>. (vrs 8b)
   c. Jesús fue <u>exaltado</u> después de Su obediencia. (vrs 9-11)

7. ¿Qué nos enseña Hebreos 13:7, 17 sobre las autoridades que Dios nos da?

a. Su obra es para enseñarme la <u>Palabra</u> de <u>Dios</u>. (vrs. 7)

b. Debo <u>considerar</u> el <u>resultado</u> de su conducta. (vrs. 7)

c. Debo <u>seguir</u> su <u>fe</u>. (vrs. 7)

d. Debo <u>sujetarme</u> a ellos. (vrs. 17)

e. Ellos <u>velan</u> por mi alma. (vrs. 17)

f. Ellos van a dar <u>cuenta</u> a Dios sobre mí. (vrs. 17)

¿Cuáles son las relaciones y las autoridades que Dios me ha dado?

Dios
Isaías 45:9-12, Hechos 5:27-29, Lucas 12:4-5, I Corintios 6:19-20

1. ¿Debe la creación discutir contra su creador? (Isa. 45:9-12)
   a. No

2. ¿A quién debes temer (obedecer), al hombre o a Dios? (Hechos 5:27-29, Lucas 12:4-5)
   a. Dios

3. ¿Por qué debe el creyente glorificar (obedecer) a Dios? (I Cor. 6:19-20)
   a. Él pagó por nuestra salvación

La Familia
El Esposo & La Esposa
Génesis 2:21-25, Efesios 5:22-33,

4. ¿Quién comenzó la familia? (Gen. 2:21-25)
   a. Dios

5. ¿Cómo a Quién, debe estar la esposa sujeta a su marido? (Efe. 5:22-24)

    a. Jesucristo

6. ¿Cómo a Quién, debe amar el marido a su esposa? (Efe. 5:25)

    a. Jesucristo

7. *"Por lo demás, cada uno de vosotros ame también a su mujer como a sí mismo; y la mujer respete a su marido."* (Efe. 5:33)

La Familia
Los Padres y Los Niños
Efesios 6:1-4, Deuteronomio 6:4-15

8. ¿Qué deben hacerle los hijos a sus padres? (Efe. 6:1)

    a. Obedecerles

    *Este mandato es basado en la autoridad de ¿Quién?

    De Dios

9.   ¿Qué deben hacerle los hijos a sus padres? (Efe. 6:2)
     a. Honrarles_____
     *Si un niño sigue este mandato, ¿Qué le promete Dios a él? para que te vaya bien, y seas de larga vida sobre la tierra_____

10. ¿Qué no deben hacerle los padres a sus niños? (Efe. 6:4)
     a. no provoquéis a ira_____

11. ¿Qué dos cosas son la responsabilidad de los padres en la crianza de sus niños? (Efe. 6:4)
     a. disciplina ... del Señor_____
     b. Amonestación del Señor_____

12. ¿Cuándo deben los padres enseñarle a los niños sobre Dios? (Deut. 6:7-9)
     a. Siempre_____

La Iglesia Local
Hebreos 10:24-25, 13:7, 17, Efesios 4:7-16,
I Corintios 12:12-27

13. ¿Cuál es el propósito de la iglesia local? (Heb. 10:24)
    a. estimularnos al <u>amor y a las buenas obras</u>
    b. estimularnos ... las <u>buenas obras</u>

14. ¿Qué no debe hacer el creyente con la iglesia? (Heb. 10:25)
    a. <u>no dejando de congregarnos</u>

15. ¿A quiénes deben recordar los creyentes por sus enseñanzas de la Palabra de Dios? (Heb. 13:7)
    a. <u>A vuestros pastores</u>

16. ¿Quiénes darán cuenta sobre su obediencia a su liderazgo? (Heb. 13:17)
    a. <u>Vuestros pastores</u>

17. ¿Quién dio los líderes a la iglesia? (Efe. 4:7-11)
    a. <u>Jesucristo</u>

18. *"A fin de perfeccionar a los santos para la obra del ministerio, para la edificación del cuerpo de Cristo, hasta que todos lleguemos a la unidad de la fe y del conocimiento del Hijo de Dios, a un varón perfecto, a la medida de la estatura de la plenitud de Cristo; para que ya no seamos niños fluctuantes, llevados por doquiera de todo viento de doctrina, por estratagema de hombres que para engañar emplean con astucia las artimañas del error,"* (Efe. 4:12-14)

19. Los líderes de la iglesia deben perfeccionar a los santos para que ellos puedan cumplir ¿qué? (Efe. 4:12)

    a. la obra del ministerio

20. ¿Es importante cada miembro de la iglesia? (I Cor. 12:12-27)

    a. Sí

El Gobierno
Romanos 13:1-7, I Pedro 2:13-17, I Timoteo 2:1-4

21. ¿De dónde nos llegan todas los autoridades? (Rom. 13:1)

    a. De Dios

22. Si es desobediente al gobierno, ¿a quién desobedece? (Rom. 13:2, I Pedro 2:13-17)
    a. A Dios_____

23. ¿Cuál es el propósito del gobierno? (Rom. 13:3-4, I Pedro 2:14)
    a. castigo de los malhechores
    b. alabanza de los que hacen bien.

24. ¿Deben los creyentes obedecer las leyes del gobierno si ellas no están contra las leyes de Dios? (Rom.13:5-6)
    a. Sí_____

25. ¿Qué debe hacer el creyente por su gobierno? (I Tim. 2:1-2)
    a. Orar_____

26. ¿Qué debe desear el creyente de su gobierno? (I Tim. 2:2b)
    a. vivamos quieta_____
    b. vivamos ... reposadamente_____

27. ¿Qué quiere Dios para el gobierno? (I Tim. 2:3-4)
    a. todos los hombres sean salvos_____

El Trabajo y La Escuela
Efesios 6:5-9, Colosenses 3:22-4-1
I Timoteo 6:1-2, I Pedro 2:18-20

28. Los Siervos (empleados) deben servir a sus amos (jefes) como le están sirviendo a ¿Quién? (Efe.6:5-7, Col. 3:23)
    a. A Dios _____

29. ¿No deben trabajar como ¿cuáles empleados? (Efe. 6:6, Col. 3:22)
    a. quieren agradar a los hombres (sirviendo al ojo)

30. ¿Quién recompensará al empleado bueno? (Efe. 6:8, Col. 3:24-25)
    a. Dios _____

31. ¿Qué debe recordar el empleado? (Efe. 6:9, Col. 4:1)
    a. Dios es su Señor _____

32. ¿Cuáles son las dos cosas que el empleador no debe hacer? (Efe. 6:9)
    a. Las amenazas _____
    b. Acepción de personas ____

33. ¿Quién no va a ser blasfemado si el empleador honra a sus empleados correctamente? (I Tim. 6:1-2)
   a. Dios _____

34. ¿Debe un empleado rendirse a su superior (jefe, patrono) únicamente cuando éste es bueno? (I Pedro 2:18-20)
   a. No _____

Los Amigos
Salmos 1, Proverbios 27:6, II Corintios 6:14-18, Santiago 4:4

35. ¿Cuáles tres cosas debe hacer el creyente? (Sal. 1:1)
   a. No andar en consejo de malos,
   b. Ni estar en camino de pecadores,
   c. Ni sentarse en silla de escarnecedores;
   *El creyente no debe permitir que la influencia del mundo sea parte de su vida. Por lo tanto, los amigos deben ser los que representen estas tres palabras.

36. ¿Cómo puede el creyente evitar a los amigos mundanos? (Sal. 1:2)

a. Deleitándose en la ley de Jehová

*Para la protección de los amigos malos y las malas influencias, el creyente debe sacar tiempo con la Palabra de Dios regularmente.

37. ¿Cuáles son los resultados en la vida del creyente que se enfoque a sí mismo en la Palabra de Dios en vez de las calles del mal? (Sal. 1:3, 6)

a. La Prosperidad

b. Conocimiento de Jehová

38. ¿Qué es mejor que los besos del enemigo? (Pro. 27:6)

a. las heridas del que ama

*Con frecuencia somos heridos por la honestidad del amigo al ser confrontados por él con nuestro pecado. Sin embargo, éste es mucho mejor que los besos del enemigo que nos dice que todo está bien cuando no lo está verdaderamente.

39. ¿Puede decir el creyente que él es amigo de Dios cuando tiene amistades que son mundanas (en contradicción a la Palabra de Dios)? (Santiago 4:4, II Cor. 6:14-18)

a. No

¿De qué Dios quiere protegerme?
Efesios 2:1-3

Dios lo hace Su hijo a través de su fe en Jesucristo. Como un buen padre, Dios quiere protegerle de los peligros que están alrededor de usted cada día. Antes de la salvación, cada persona andaba en estas condiciones e influencias peligrosas sin protección. Efesios 2:1-3 nos dice;

"1 Y él os dio vida a vosotros, cuando estabais muertos en vuestros delitos y pecados,

2 en los cuales anduvisteis en otro tiempo, siguiendo la corriente de este mundo [los enfoques y filosofías del mundo], conforme al príncipe de la potestad del aire [Diablo], el espíritu que ahora opera en los hijos de desobediencia [la carne],

3 entre los cuales también todos nosotros vivimos en otro tiempo en los deseos de nuestra carne, haciendo la voluntad de la carne y de los pensamientos, y éramos por naturaleza hijos de ira, lo mismo que los demás."

Use los siguientes pasajes para aprender lo que Dios dice sobre los peligros que le atacan a usted diariamente.

El Mundo
I Juan 2:15-17

1. ¿Qué no debe amar el creyente? (Vrs. 15)
    a. El mundo

2. ¿Qué no tendría el creyente en su vida si amara al mundo? (Vrs. 15)
    a. El amor de Dios

3. ¿Qué tres cosas están en el mundo? (Vrs. 16)
    *Dé una descripción corta de cada uno.
    a. Los deseos de la carne - _____
    _____
    _____
    b. Los deseos de los ojos - _____
    _____
    _____
    c. La vanagloria de la vida - _____
    _____
    _____

4. ¿Qué va a pasar con las cosas del mundo? (Vrs 17)
    a. Pasarán

5. ¿Qué va a pasar en la vida de alguien que cumple la voluntad de Dios? (Vrs. 17)
    a. Permanece para siempre

El Diablo
I Pedro 5:8-11, Santiago 4:5-8

6. *"Sed __sobrios__, y __velad__ ... "* (I Ped 5:8)

7. ¿Quién es el adversario del creyente? (I Ped 5:8)
    a. __El Diablo__

8. ¿Cómo "anda alrededor" el Diablo? (I Ped 5:8)
    a. __Como león rugiente__

9. ¿Cómo puede el creyente resistir al Diablo? (I Ped 5:9)
    a. __Por la fe__

10. ¿Cuáles cuatro cosas está Dios cumpliendo en la vida del creyente a través del sufrimiento? (I Ped 5:11)
    a. __Perfeccione__
    b. __Afirme__
    c. __Fortalezca__
    d. __Establezca__

11. ¿Qué le debe hacer el creyente al Diablo? (Sant 4:5-6)
    *Mire Lucas 4:1-13 para ver como Jesucristo resistió el Diablo.
    a. __Resistir__

12. ¿Qué le debe hacer el creyente a Dios? (Sant 4:7)
    a. <u>Someterse</u>

13. ¿Cuál es la promesa de Dios si el creyente se somete a Él? (Sant 4:8)
    a. <u>Acercarse</u>

La Carne
Gálatas 5:16-26

14. ¿Quién debe determinar el camino del creyente? (Vrs. 16)
    a. <u>El Espíritu Santo</u>

15. ¿Están de acuerdo el Espíritu (Espíritu Santo) y la carne? (Vrs. 17)
    a. <u>No</u>

16. ¿Qué produce la carne? (Vrs. 19-21)

a. Adulterio _____

b. Fornicación _____

c. I n m u n d i c i a (moral) _____

d. L a s c i v i a   (n o restricción) _____

e. Idolatría _____

f. Hechicerías (que incluye las drogas)

g. Enemistad _____

h. Pleitos (división) _____

i. Celos _____

j. Iras _____

k. C o n t i e n d a s (promoción de sí mismo)

l. Disensiones _____

m. H e r e j í a s (enseñanzas falsas)

n. Envidias _____

o. Homicidios _____

p. Borracheras _____

q. Orgías _____

r. L a s   c o s a s semejantes _____

47

17. ¿Qué produce el Espíritu Santo? (Vrs. 22-23)

a. Amor   f. Bondad

b. Gozo   g. Fe

c. Paz   h. Mansedumbre

d. Paciencia   i. Templanza

e. Benignidad

18. ¿Hay una ley que prohíbe el fruto del Espíritu Santo? (Vrs. 23)

a. No

19. Si la persona pertenece a Cristo (a través de la salvación), ¿qué debe hacer y cómo debe andar? (Vrs. 24-25)

a. Crucificada la carne con sus pasiones y deseos (Vrs. 24)

b. Andemos también por el Espíritu (Vrs. 25)

20. ¿De cuáles tres cosas el creyente no debe tener el deseo? (Vrs. 26)
   a. Vanagloriosos
   b. Irritándonos unos a otros
   c. Envidiándonos unos a otros

La Tentación
Santiago 1:12-15

21. ¿Qué va a recibir el creyente si no cae en la tentación (debido a su amor por Dios)? (Vrs. 12)
   a. La corona de vida

22. ¿Puede Dios ser tentando o tentar? (Vrs. 13)
   a. No

23. *"Sino que cada uno es tentado, cuando de su propia concupiscencia es atraído y seducido."* (Vrs. 14)
   *¿De quién está tentado cada creyente?
   De sí mismo

24. ¿Qué le produce la concupiscencia al individuo? (Vrs. 15)
   a. El pecado

25. ¿Qué produce el pecado? (Vrs. 15)
    a. La muerte

26. ¿Qué provee Dios para cada uno de Sus hijos? (Vrs. 16-17)
    a. Toda buena dádiva
    b. Todo don perfecto

El Pecado
Romanos 6:1-23

27. ¿Debe el creyente depender en la gracia de Dios para poder continuar en el pecado? (Vrs. 1-2)
    a. No

28. A través de la salvación, el creyente está muerto al pecado. (Vrs. 2-5)

29. ¿Qué fue crucificado con Cristo? (Vrs. 6)
    a. El viejo hombre

30. Si el viejo hombre está muerto, ¿debería servir al pecado? (Vrs. 6-10, 16)
    a. No

31. *"Así también vosotros **consideraos** muertos al **pecado**, pero vivos para **Dios** en Cristo Jesús, Señor nuestro. No reine, pues, el **pecado** en vuestro cuerpo mortal, de modo que lo **obedezcáis** en sus concupiscencias;"* (Vrs. 11-12)

32. ¿A Quién debe rendirse el creyente? (Vrs. 13)
    a. A Dios _____

33. ¿Debe el pecado controlar la vida del creyente? (Vrs. 14-15)
    a. No _____

34. ¿A qué y a Quién debe servirle cada creyente? (Vrs. 16-22)
    a. La Justicia _____
    b. A Dios _____

35. ¿Que dos cosas producen el pecado? (Vrs. 21, 23)
    a. Vergüenza _____
    b. Muerte _____

La Dureza del Pecado
Salmos 32

36. ¿Quién es bienaventurado? (Vrs. 1-2)
    a. Al que es perdonada su transgresión

37. ¿Cuáles fueron los resultados de no confesar los pecados? (Vrs. 3-4)
    a. Los huesos - se envejecieron
    b. Los manos de Dios - se agravó sobre mi
    c. Verdor - en sequedades de verano

38. ¿Qué hace Dios cuando los pecados son confesados? (Vrs. 5)
    *I Juan 1:9
    a. Perdonarlos

39. ¿Quienes pedirán perdón cuando sean hallados por Dios? (Vrs. 6)
    a. Los santos

40. Cuando el pecado es confesado, ¿Quién protegería al creyente? (Vrs. 6-7)
    a. Dios

41. El creyente no debe ser terco como lo son, ¿cuáles dos animales? (Vrs. 9)
    a. <u>El caballo</u>
    b. <u>El mulo</u>
42. ¿Qué van a pasar los impíos? (Vrs. 10)
    a. <u>Muchos dolores</u>

43. ¿Qué les va a pasar a los que esperen en Dios? (Vrs. 10)
    a. <u>La misericordia</u>

44. ¿Qué debe ser parte de la vida de los justos y los rectos? (Vrs. 11)
    a. <u>Alegría</u>
    b. <u>Gozo</u>
    c. <u>Cantar con júbilo</u>

Maestro Falso
Colosenses 2:8-23, I Timoteo 4:1-7,
I Juan 2:21-23, II Juan 1:7-11

45. *"Mirad que nadie os <u>engañe</u> por medio de filosofías y huecas sutilezas, según las tradiciones de los <u>hombres</u>, conforme a los rudimentos del <u>mundo</u>, y no según Cristo."* (Col 2:8)

46. Las comidas y los días especiales fueron con el propósito de dirigir los hombres a ¿Quién? (Col 2:16-17)
    a. Jesucristo

47. ¿Qué tres cosas enseñan la doctrina del hombre (afectando humildad y culto voluntario) ? (Col 2:18-23)
    a. No manejes
    b. No gustes
    c. No toques

48. ¿Debe el creyente adorar a los ángeles? (Col 2:18)
    a. No

49. ¿Qué enseña el Espíritu Santo va a pasar en los tiempos postreros? (I Tim 4:1-2)
    a. Espíritus engañadores
    b. Doctrinas de demonios

50. Qué enseñarán los maestros falsos? (I Tim 4:3-5)
    a. Prohibirán casarse
    b. Mandarán abstenerse de alimentos

51. ¿Qué enseñarán los maestros verdaderos? (I Tim 4:6-7)
    a. Las palabras de la fe
    b. La doctrina buena

52. ¿Quién rechaza a Jesucristo? (I Juan 2:21-22, II Juan 1:7-8)
    *Gálatas 1:6-12, I Juan 4:1-6
    a. <u>El mentiroso</u>

53. Si alguien rechaza a Jesucristo, también él estaría rechazando a ¿Quién? (I Juan 2:23, II Juan 1:9)
    *Judas 1:3-21
    a. <u>Dios</u>

54. ¿Qué dos cosas no deben hacer los creyentes con los maestros falsos? (II Juan 1:10-11)
    *Tito 3:9-11
    a. <u>Recibirlos en casa</u>
    b. <u>Decirles Bienvenido</u>

¿Cuáles son las diferencias entre las verdades de Dios y las falsedades del hombre?

El Evangelio de Dios por la Fe
vs.
El Evangelio del Mundo por las Obras
I Corintios 15:1-4, Gálatas 1:6-12 , Romanos 1:16

1. ¿Qué es el Evangelio según la Biblia? (I Cor. 15:1-4)
   <u>La muerte, el entierro, y la resurrección de</u>
   <u>Jesucristo para los pecados míos</u>
   _____

   * Juan 17:2-3

2. El Evangelio de Dios está basado en la <u>gracia</u> de Jesucristo. (Gal. 1:6)
   *Efesios 2:8-9

3. ¿Debe el Evangelio de Jesucristo (lo que es por gracia) ser cambiado o pervertido por los pensamientos del hombre? (Gal. 1:7-9)
   a. <u>No</u>

4. El mensaje del Evangelio no es de las enseñanzas del hombre, sino de <u>Dios</u>. (Gal. 1:10-12)

5. ¿Cómo usted puede encontrar la justicia para sus pecados, en la ley o en la fe en Jesucristo? (Gal 2:16)
   a. La fe en Jesucristo

6. ¿Cómo usted puede tener el poder de Dios para la salvación? (Romanos 1:16)
   a. Creer

El Arrepentimiento que es según Dios
vs.
El Arrepentimiento que es según el Mundo
II Corintios 7:8-11, I Juan 1:8-10

7. ¿Qué produce la tristeza según Dios? (II Cor. 7:8-10a)
   a. El arrepentimiento

8. ¿Qué produce la tristeza del mundo? (II Cor. 7:10b)
   a. La muerte

9. ¿Cuáles son las cosas evidentes en el arrepentimiento según Dios? (II Cor. 7:11a)
   a. Solicitud _____
   b. Defensa _____
   c. Indignación _____
   d. Temor _____
   e. Ardiente afecto _____
   f. Celo _____
   g. Vindicación _____

10. La meta del arrepentimiento es que usted esté *"mostrado limpio en el asunto."* (II Cor. 7:11b)

11. Sí hay negación del pecado, ¿puede el contristado producir el arrepentimiento verdadero? (I Juan 1:8)
    a. No _____

12. ¿Qué le promete Dios a usted si admite sus pecados por la confesión de ellos a Él? (I Juan 1:9)
    a. Perdonarlo _____

El Amor de Dios
vs.
El Amor del Mundo
Proverbios 7:6-27, I Juan 3:18, 4:9-11,
Romanos 13:8-10, I Corintios 13:4-8

13. ¿Qué produce el amor sexual del mundo? (Proverbios 7:6-27)
    a. *"18 Ven, embriaguémonos de <u>amores</u> hasta la mañana; Alegrémonos en <u>amores</u>."*
    b. *"27 Camino al <u>Seol</u> es su casa, Que conduce a las cámaras de la <u>muerte</u>."*

14. *"Hijitos míos, no amemos de <u>palabra</u> ni de <u>lengua</u>, sino de <u>hecho</u> y en <u>verdad</u>."* (I Juan 3:18)

15. ¿Cómo Dios ha mostrado su amor por usted? (I Juan 4:9-10)
    *Juan 3:16 - Porque del amor de Dios, Él hizo una decisión de sacrificio por usted.
    a. <u>Él mandó a Jesucristo a morir por su pecados</u>

16. Por causa del amor de Dios, ¿Qué usted debe hacer para los otros? (I Juan 4:11)
    a. <u>Amarlos</u>

17. ¿Qué no hace el amor? (Rom. 13:8-10)
    a. El mal _____

18. El amor es ... (I Cor. 13:4-8)
    a. Sufrido _____
    b. Es benigno _____
    c. No tiene envidia _____
    d. No es jactancioso _____
    e. No se envanece _____
    f. No hace nada indebido _____
    g. No busca lo suyo _____
    h. No se irrita _____
    i. No guarda rencor _____
    j. No se goza de la injusticia _____
    k. Se goza de la verdad _____
    l. Todo lo sufre _____
    m. Todo lo cree _____
    n. Todo lo espera _____
    o. Todo lo soporta _____
    p. Nunca deja de ser _____

La Sabiduría del Cielo
vs.
La Sabiduría del Mundo
Santiago 3:13-18, Proverbios 9:10

19. ¿Cómo puede saber alguien que una persona es sabia? (Snt. 3:13)
    a. Sus obras de mansedumbre

20. ¿Cuáles son las descripciones de la sabiduría del mundo? (Snt. 3:14-15)
    a. Celos amargos _____
    b. Contención _____

21. ¿Qué producen el celo y la contención según la sabiduría del mundo? (Snt. 3:16)
    a. Perturbación _____
    b. Toda obra perversa _____

22. Primeramente, ¿Cómo es la sabiduría de arriba? (Snt. 3:17)
    a. Pura _____

62

23. ¿Cuál es la descripción en total de la sabiduría de Dios? (Snt. 3:17)
   a. Pura _____
   b. Pacifica _____
   c. Amable _____
   d. Benigna _____
   e. Llena de misericordia _____
   f. Llena ... de buenos frutos
   g. Sin incertidumbre *(no hay prejuicio)*
   h. Ni hipocresía _____

24. ¿De dónde llega la sabiduría del cielo? (Pro. 9:10)
   a. Del temor de Dios _____

Las Obras Producidas por Dios
vs.
Las Obras Producidas por la Carne
Gálatas 5:16-26

25. Si está viviendo según el Espíritu Santo no va a cumplir las obras de ¿qué? (Vrs. 5:16-18)
   a. De la carne _____

26. ¿Cuáles son las obras de la carne? (Vrs. 19-21)
    a. adulterio
    b. fornicación
    c. inmundicia
    d. lascivia
    e. idolatría
    f. hechicerías
    g. enemistades
    h. pleitos
    i. celos
    j. iras
    k. contiendas
    l. disensiones
    m. herejías
    n. envidias
    o. homicidios
    p. borracheras
    q. orgías
    r. cosas semejantes a éstas

27. ¿Cuáles son los resultados del Espíritu Santo? (Vrs. 22-23)
    a. Amor
    b. Gozo
    c. Paz
    d. Paciencia
    e. Benignidad
    f. Bondad

g. Fe _____

h. Mansedumbre _____

i. Templanza _____

28. *"Si vivimos por el Espíritu, andemos también por el Espíritu."* (Vrs. 25)

El Tesoro del Cielo
vs.
El Tesoro del Mundo
Mateo 6:19-21, Lucas 12:16-21, 29-34

29. ¿Qué le sucede al tesoro del mundo? (Mat. 6:19)
a. Polilla _____
b. Orín _____
c. Ladrones minan y hurtan _____

30. ¿Qué tipo de tesoro no pueden tocar las polillas, el orín, y los ladrones? (Mat. 6:20)
a. Del Cielo _____

31. ¿Qué representa su tesoro? (Mat. 6:21)
a. Su corazón _____

32. ¿En qué confió el rico? (Lucas 12:16-19)
a. Sus riquezas _____

33. ¿Qué valor tenían las riquezas del rico a los ojos de Dios cuando su vida estuvo terminada? (Lucas 12:20)
    *Mateo 16:25-26
    a. <u>Ninguno</u>

34. *"Así es el que hace para sí tesoro, y no es rico para con Dios."* (Lucas 12:21)

35. Sí usted sirve al reino de Dios, ¿Quién va a proveer nuestras necesidades en el mundo? (Lucas 12:29-34)
    a. <u>Dios</u>

El Maestro de Dios
vs.
El Maestro del Mundo
I Corintios 2:1-5, II Corintios 2:17, 11:13-15,
II Pedro 2:1-22

36. El maestro de Dios va a enfocar su mensaje en ¿qué? (I Cor. 2:1-2)
    a. <u>Testimonio de Dios</u>

37. El maestro de Dios no va a depender de su propia fuerza ni sabiduría, sino dependerá ¿en qué? (I Cor. 2:3-4)
   a. El Espíritu Santo _____
   b. El poder de Dios _____

38. El maestro de Dios va a desear que la fe de los que escuchan no estén en él, sino ¿en qué? (I Cor. 2:5)
   a. El poder de Dios _____

39. ¿Qué no va a hacerle el maestro de Dios a la Palabra? (II Cor. 2:17)
   a. Falsificarla _____

40. ¿Cómo el maestro de Dios va a presentar la Palabra de Dios y basado en la autoridad de Quién? (II Cor. 2:17)
   a. Sinceridad _____
   b. Dios _____

41. ¿Cómo va a tratar de disfrazarse el maestro falso? (II Cor. 11:13-15)
   a. Apóstol / Ángel de luz _____

42. ¿A Quién va a negar el maestro falso? (II Pedro 2:1)
   *I Juan 2:22-25
   a. Jesucristo _____

43. ¿Cuál será el final del maestro falso? (II Pedro 2:1-22)

   a. La destrucción y Juicio

44. *"Pues hablando <u>palabras</u> infladas y vanas, seducen con <u>concupiscencias</u> de la <u>carne</u> y disoluciones a los que verdaderamente habían huido de los que viven en error. Les prometen <u>libertad</u>, y son ellos mismos esclavos de <u>corrupción</u>. Porque el que es vencido por alguno es hecho <u>esclavo</u> del que lo venció."* (II Pedro 2:18-19)
   *Judas 1:1-25

Los Otros Estudios Bíblicos y Libros
disponible por
Los Ministerios de Andando en la PALABRA
www.walkinginthewordministries.net

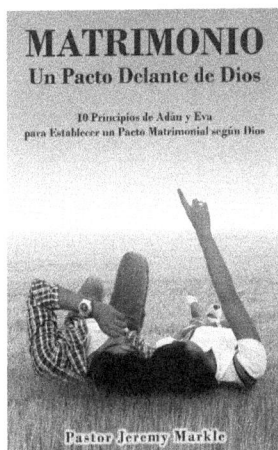

MATRIMONIO
Un Pacto Delante de Dios

10 Principios de Adán y Eva
para Establecer un Pacto Matrimonial según Dios

Pastor Jeremy Markle

**Matrimonio:
Un Pacto Delante de Dios**

Diez estudios y materiales extras
para ayudar a una pareja
tener un matrimonio bíblico.

La Crianza con Propósito

Seis estudios
sobre la crianza bíblica.
Los primeros tres estudios se enfoquen en
la necesidad de los padres
de honrar a Dios con su niño.
Los últimos tres estudios se enfoquen en
cómo los padres tienen que representar
Dios Padre a su niño.

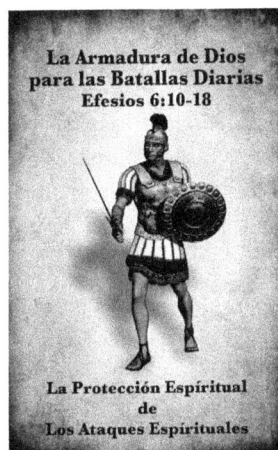

LA CRIANZA CON PROPÓSITO

Honrando a Dios Padre
con su hijo
mientras
Representando a Dios Padre
a su hijo

La Armadura de Dios
para las Batallas Diarias
Efesios 6:10-18

La Protección Espiritual
de
Los Ataques Espirituales

**La Armadura de Dios
para las Batallas Diarias**

Un estudio diario
para ayudar a los creyentes
a aprender y aplicar
los recursos espirituales
que Dios el Padre les da
para vivir la vida victoriosa.

Una Guía de Bosquejo para El Camino del Calvario de Roy Hession

Esta guía en forma de bosquejo
fue escrita para mejorar
su capacidad de comprender, recordar,
y aplicar las verdades espirituales
importantes compartidas en
El Camino del Calvario.

Los Componentes Básicos para una Vida Cristiana Estable

Cinco estudios explicando
la importancia de y como organizarse
en la oración,
el estudio bíblico,
las verdades bíblicas,
los versículos de memoria,
y la predicación.

El Corazón del Hombre

Un análisis Bíblico
tocante a la salvación,
los primeros pasos de la obediencia,
y la vida nueva.

**¿Qué dice la Biblia sobre:
La Salvación?,
El Bautismo?,
La Membresía de la Iglesia?**

Tres estudios sencillos
para investigar y repasar
la salvación
y los primeros pasos de obediencia
en la vida del creyente.

**¿Quiénes Son Los Bautistas?
Según Sus Distintivos**

Un estudio bíblico
de las ocho creencias básicas
de los Bautistas.

**¿La Voluntad de Dios
es un Rompecabezas para Ti?**

Un estudio y formulario bíblico
para encontrar la voluntad de Dios
para su vida.